AF298704

LA SECTE

ANTICHRÉTIENNE

VÉRITABLE ORIGINE ET HISTOIRE VRAIE DES SOCIÉTÉS
SECRÈTES DE TOUS LES TEMPS

*Faisant suite à l'Église ou Société à laquelle il faut
nécessairement appartenir pour être sauvé*

PAR

Monseigneur F.-L.-M. MAUPIED

Théologien au concile du Vatican,
Cubiculaire de Sa Sainteté Pie IX, docteur en théologie et en droit canonique
de l'Université Romaine, docteur ès sciences de l'Académie de Paris,
ancien professeur à la Sorbonne, etc., etc.,
recteur de Saint-Martin de Lamballe (Côtes-du-Nord)

BIBLIOTHÈQUE DE TOUT LE MONDE
Fondateur : M. Augustin BOISLEUX

Pour la France : à TOURCOING (Nord)
Pour la Belgique : à MOUSCRON

OUVRAGES DU MÊME AUTEUR :

1° **DIEU, L'HOMME ET LE MONDE,** connus par les trois premiers chapitres de la Genèse; — cours des sciences physiques et naturelles en rapport avec la théologie, professé à la Sorbonne, etc. 3 vol. in-8 . . . . . . 18 »

2° **L'ÉGLISE ET LES LOIS ÉTERNELLES** des sociétés humaines. 1 vol. in-8 . . . . 6 »

3° **LE FUTUR CONCILE,** traité théologique et canonique. 1 vol. in-8 . . . . 3 50

4° **DEVOIRS DES CHRÉTIENS** devant l'infaillibilité doctrinale du Pontife Romain, prouvée par la pratique et la tradition perpétuelles depuis les temps Apostoliques et définie par le saint concile œcuménique du Vatican. 2 vol. in-8 . . . . 12 50

Le premier volume, tout français, contenant les décrets textuels du concile et leur justification par la tradition, se vend séparément. . . . . 5 »

Le second est le recueil complet de tout ce que les saints Pères et docteurs, les conciles de tous les siècles de l'Église grecque et latine ont écrit, déclaré et défini touchant l'autorité et tous les pouvoirs et prérogatives du pape.

5° **LE TRIOMPHE DE L'ÉGLISE** au concile du Vatican. 1 vol. in-12. . . . . 3 50

C'est la traduction de l'italien des lettres pastorales de nos seigneurs Louis Filippi, évêque d'Aquila, et Barthélemy d'Avanzo, évêque de Calvi et Téano, préparant le concile et en expliquant les décrets.

Tous ces ouvrages sont honorés de brefs du Souverain Pontife.

On les trouve chez l'auteur à Lamballe (Côtes-du-Nord), chez les libraires Poussielgue, rue Cassette, 27, Paris, et aux bureaux de la BIBLIOTHÈQUE DE TOUT LE MONDE à TOURCOING (Nord).

LA SECTE

ANTICHRÉTIENNE

A côté de l'Eglise, et mêlée à ses enfants, il y a la société de Satan, dont tous les efforts ont toujours tendu à la destruction de l'Eglise du Christ et du règne de Dieu. Cette société satanique, pour mieux tromper les hommes et arriver plus sûrement à son infernal but, a pris, suivant les circonstances et les temps, une multitude de noms divers. Le nom de secte antichrétienne lui est donné par le Saint-Esprit, et il exprime pleinement son origine, son but, son action et toutes ses tendances.

Saint Augustin en a fait l'histoire parallèlement à celle de l'Eglise de Dieu; il a montré les deux cités en lutte dans son admirable livre de la *Cité de Dieu*. La sainte Ecriture contient une multitude d'enseignements touchant la secte antichrétienne. Le savant J.-C. de Camilles en a publié en italien la plus véridique histoire (1).

La secte antichrétienne a commencé dans les anges, plus probablement avant la création de l'homme, mais certainement avant la chute de nos premiers parents. — Dieu révéla aux anges qu'un jour le Fils de Dieu, la seconde personne de la très-

____

(1) Storia della setta antichristiana. 2 vol. Firenze, tipographia all'insegna di S. Antonino, piazza di Cestello, no 1, 1871.

sainte Trinité, se ferait homme pour glorifier l'humanité, et, par elle, toutes les créatures. Lucifer, ange sublime orné des plus beaux dons par son Créateur, se révolta contre lui à cette révélation ; il demanda pourquoi Dieu le Fils ne prenait pas sa nature angélique bien plus parfaite que celle de l'homme. Il refusa de reconnaître Jésus-Christ, Dieu le Fils fait homme, pour son Créateur et son Dieu ; il refusa de l'adorer désormais, ni avant ni après son incarnation. Bien plus, il prétendit lui être *égal*, et se faire adorer à sa place ; il se déclara *indépendant* de la très-sainte Trinité et voulut usurper son règne sur les créatures. Ainsi éclatèrent les deux erreurs sataniques qui, sous le nom de *liberté* et d'*égalité*, serviront à toutes les révolutions contre Dieu et contre toute supériorité venant de lui. Lucifer entraîna dans son orgueilleuse révolte une multitude d'anges, qui le reconnurent pour leur chef, et se firent avec lui les ennemis de Dieu et de son Christ. La privation du bonheur divin et tous les tourments qui feront l'enfer éternel furent le châtiment de Satan et de ses démons.

Cette grande révolte, origine et cause de toutes les révolutions même sur la terre, nous est révélée au livre de Job, ch. IV, 18 ; XV, 15 ; dans la seconde épître de saint Pierre, II, 4 ; dans l'épître de saint Jude, 6, et le prophète Isaïe nous en donne la peinture au ch. XIV. Job nous donne l'histoire de la lutte de Satan contre le Fils de Dieu fait homme, aux ch. XL et XLI : et David au psaume CXI. C'est de cette lutte que parle la très-sainte Vierge dans son divin cantique, en saint Luc, I, 51-53. L'Apocalypse de saint Jean la contient tout entière.

La jalousie de Satan et de ses démons contre l'humanité, qui doit être glorifiée par l'incarnation du

Fils de Dieu, s'exercera continuellement sur les hommes par la séduction et le mensonge. C'est par là qu'il trompe Eve et séduit Adam ; il les rend complices de sa révolte contre Dieu au nom de *l'égalité* et de la *liberté*; vous serez, leur dit-il, comme des Dieux connaissant le bien et le mal et par cela même *libres* de toute loi et *indépendants*. Par ce mensonge et cette confusion il leur fait perdre l'état surnaturel de grâce et de sainteté dans lequel ils avaient été créés. Il substitue son empire sur Adam et sa postérité à celui de Dieu. Tous les hommes devront lutter pour lui échapper. Mais, dans sa miséricorde infinie, Dieu vient au secours de l'homme dans cette lutte, par sa puissance, par ses grâces intérieures, par sa révélation et par les institutions divines de son Eglise.

L'Eglise de Dieu était rétablie sur la promesse du Rédempteur depuis un peu plus de cent trente ans. Pendant cette période, Satan s'était dissimulé pour mieux préparer sa nouvelle séduction. Le choix que Dieu fit d'Abel comme prophète et lieutenant du Christ promis, lui fournit l'occasion qu'il préparait depuis le commencement. Il excite la jalousie dans le cœur de Caïn, il l'aveugle et le pousse à tuer son frère Abel par haine de Dieu et de son Christ. Puis il entraîne Caïn et toute sa famille dans l'apostasie et le mépris de Dieu et de sa miséricorde. C'est pourquoi Jésus-Christ nous dit que Satan fut homicide dès le commencement, et le père du mensonge (Joan. VIII, 44). Tel fut le commencement de la secte antichrétienne parmi les hommes et les enfants de l'Église. Tout porte à croire que Satan se rendit visible à Caïn, qu'il fit un pacte avec lui, opposé à l'alliance de Dieu avec Adam, Abel et Seth, etc. Par ce pacte, Satan mettait sa puissance surhumaine à la disposition de ses sectateurs à la condition qu'ils le reconnaîtraient pour leur Dieu et qu'ils obéiraient à ses suggestions.

La postérité de Caïn, tout entière à la secte et favorisée par Satan, réussit dans toutes les prospérités matérielles, et elle se livra à toutes les jouissances de la chair, à toutes les satisfactions les plus désordonnées de la sensualité et de toutes les mauvaises passions, à la haine de Dieu et des hommes, aux meurtres et à tous les crimes. — Bientôt les enfants de Dieu, qui étaient l'Eglise du Christ promis, furent séduits; ils devinrent envieux des prospérités et des criminelles jouissances de la secte; ils se firent tolérants de ses crimes, puis ils les approuvèrent et y participèrent, au point que Dieu se repentit d'avoir fait l'homme (Gen., VI, 6). Le déluge vint anéantir la secte antichrétienne, faire triompher la justice divine, et sauver les germes purs de l'Eglise.

Mais, après le déluge, Satan va réformer sa secte. L'un des fils de Noé, Cham, avait été plus ou moins infecté de son venin. Il sera l'adepte que Satan choisira pour rétablir son empire et son infâme culte parmi les hommes. De l'apostasie de Cham naîtront les mystères sataniques, l'idolâtrie et toutes les turpitudes infâmes du culte diabolique à Babylone, en Égypte et chez les Chananéens; et de ces trois sources, ils se répandront chez tous les peuples, au point que le Dieu véritable sera méconnu, et que Satan seul régnera et sera adoré dans le paganisme universel. Et Satan pourra dire à Dieu devant tous les anges, qu'il a parcouru la terre et en a fait le tour, et que lui seul y règne (Job, I, 6-8; II, 2), son règne s'étendra et durera jusqu'à la venue de Jésus-Christ. Tous les peuples étaient trompés et plongés dans l'ignorance, un petit nombre d'adeptes, sur divers points du globe, étaient en relations directes avec les démons, et, sous leur influence surhumaine, ils trompaient et séduisaient le reste.

Mais quand Dieu se fut choisi et formé un peuple, une nation qui lui appartiendrait en propre, dont il serait le roi, le législateur; une nation qui serait le centre de son Eglise, qui recevrait ses enseignements et ses lois, qui les conserverait et les communiquerait à tous les autres peuples; une nation qui donnerait naissance au Fils de Dieu fait homme, au Christ promis, et qui préparerait son règne sur la terre, Satan redoubla d'efforts pour anéantir l'Eglise du Christ et son royaume. Israël, la maison de Dieu, passe quatre cents ans en Egypte, et Satan, non content de la réduire à la servitude la plus destructive, initie à ses mystères d'Osiris et d'Isis, à ses sociétés secrètes, ceux des Israélites sur lesquels il compte pour former la secte antichrétienne dans la nation sainte elle-même.

A peine les éclatantes manifestations de Dieu et la promulgation de son alliance avec Israël s'étaient-elles accomplies au Sinaï, et pendant que Moïse recevait les ordonnances divines, que Satan se fait adorer sous la figure du veau d'or. Le châtiment, qui fit périr vingt mille coupables, imposa silence pour quelque temps, mais bientôt Coré, Dathan et Abiron relèvent la tête de la secte satanique. Dieu, qui ne saurait être vaincu par Satan et qui ne peut laisser périr son Eglise, entr'ouvre la terre et engloutit les rebelles dans les flammes. Les survivants de la secte se taisent pour un temps; mais, en contact avec les Chananéens, ils introduiront dans Israël l'apostasie, le culte infâme de Satan ; ils consacreront leurs enfants dans les feux de Moloch ; plus tard ils se révolteront contre le gouvernement de Dieu et ils demanderont un roi humain. De plus en plus puissants, ils feront le schisme et l'apostasie des dix tribus, dont ils amèneront la dispersion dans l'Orient. Satan a réalisé une partie de ses desseins. Il reste le royaume de Juda, c'est là qu'il s'applique à reformer la secte antichrétienne ; sa réussité amène la chute du royaume et la captivite de Babylone.

Après cette captivité, Satan prépare la secte qu'il opposera à la personne même du Christ ; elle prendra les noms de pharisiens et de sadducéens. Ces spirites et ces francs-maçons d'alors combattront Jésus-Christ et sa doctrine ; ils le mettront à mort. Le Sauveur lui-même nous apprend qu'ils sont la secte de Satan.

Et d'abord saint Jean-Baptiste, son précurseur, voyant plusieurs des pharisiens et des sadducéens venir à son baptême, il leur dit : « Race de vipères (du serpent qui mordit Adam et Eve), qui vous a appris à fuir la colère de Dieu qui doit tomber sur vous ? » (Matth., III, 1.) Le Seigneur lui-même leur dit : « Malheur à vous, scribes et pharisiens hypocrites, parce que vous fermez aux hommes le royaume des cieux ; car vous n'y entrez point vous-mêmes, et vous empêchez d'entrer ceux qui le désirent. Vous parcourez la mer et la terre pour faire un seul prosélyte, et, après qu'il l'est devenu, vous le rendez digne de l'enfer deux fois plus que vous... Malheur à vous, scribes et pharisiens hypocrites, qui nettoyez le dehors de la coupe et du plat, pendant que le dedans est plein de rapines et d'impuretés !... Vous êtes semblables à des sépulcres blanchis, qui au dehors paraissent beaux aux yeux des hommes, mais qui au dedans sont pleins d'ossements de morts et de toute sorte de pourriture ! Ainsi, au dehors vous paraissez justes aux yeux des hommes ; mais au dedans vous êtes pleins d'hypocrisies et d'iniquités !... vous vous rendez témoignage à vous-mêmes que vous êtes les enfants de ceux qui ont tué les prophètes. Achevez donc aussi de combler la mesure de vos pères. Serpents, race de vipères, comment éviterez-vous d'être condamnés à l'enfer? C'est pourquoi voilà que je vous envoie des prophètes, des sages et des scribes, et vous tuerez les uns, vous crucifierez les autres, vous en fouetterez d'autres dans vos synagogues, et vous les persécuterez de ville en ville — (c'est ce que la secte, gouvernée par des juifs, n'a cessé de faire et ce qu'elle fait aujourd'hui avec une recrudescence inouïe) ; — afin que tout le sang innocent qui a été répandu sur la terre retombe sur vous, depuis celui d'Abel, le juste, jusqu'à celui de Zacharie, fils de Barachie, que vous avez tué entre le temple et l'autel (Matth., XXIII, 15-35). Voilà la secte antichrétienne reliée par ses œuvres à Caïn, son premier grand maître. C'est Jésus Christ lui-même qui nous en donne l'assurance et qui trace son histoire. Il leur dit plus nettement encore : « Vous avez pour père le Diable, et vous voulez accomplir les désirs de votre père (qui veut me tuer et tous ceux qui sont à moi) ; il a été homicide dès le commencement (du monde, en ôtant la vie divine à nos premiers parents et en tuant Abel, le premier prophète du Christ après Adam) ; il n'est point demeuré dans la vérité : parce que la vérité n'est point en lui ; lorsqu'il dit des mensonges, il dit ce qu'il trouve en lui-même, car il est menteur et le père du mensongé ; c'est pour cela qu'il séduit le monde » (saint Jean, VIII, 44). — Les pharisiens tiennent leurs conciliabules secrets avec les princes des prêtres juifs, pour faire mourir Jésus, et ils donnent pour motif de leur crime le salut du peuple. C'est toujours le même motif que la secte a mis et mettra en avant depuis le commencement jusqu'à la fin : il faut tuer Jésus, tuer ses prophètes, tuer ses apôtres, tuer ses vicaires, les papes, tuer ses évêques et ses prêtres, tuer tous ceux qui croient en lui, pour sauver les peuples de la servitude. Mensonge épouvantable qui séduit les peuples et les livre au père du mensonge, qui les fait s'entre-tuer les uns les autres par les guerres injustes, par les guerres civiles, par les persécutions des méchants contre les bons, des injustes contre les justes, et qui finit par faire les impies, les méchants, les injustes, les incrédules se dévorer entre eux. C'est ce qui s'appelle la révolution par laquelle Satan livre les nations à la ruine et à tous les malheurs du temps et de l'éternité.

L'Esprit-Saint a dévoilé les mensonges de la secte en révélant le secret de ses délibérations, les mêmes dans tous les temps : « Mon fils, dit-il, si les pécheurs (de la secte) vous attirent par leurs séductions, ne vous laissez point aller à eux, s'ils disent : Venez avec nous ; dressons des embûches pour répandre le sang ; tendons en secret des piéges à l'innocent qui ne nous fait aucun mal : dévorons le tout vivant comme l'enfer, tout entier comme celui qui descend dans la fosse. Nous trouverons dans sa ruine toutes sortes de biens et de choses précieuses ; nous remplirons nos maisons de dépouilles. Entrez en société avec nous ; n'ayons qu'une même bourse. — Mon fils, ne marchez point avec eux, éloignez votre pied de leurs sentiers, car leurs pieds courent au mal, et ils se hâtent de répandre le sang innocent » (Prov., i, 10-16). Voilà environ trois mille ans que cette révélation est faite ; n'est-ce pas toujours les mêmes trames iniques et sanguinaires qui se délibèrent dans les conciliabules des loges, de l'Internationale, des communistes ; tous adeptes de Satan, qui ne songent qu'à égorger le reste de l'humanité afin d'assouvir plus facilement toutes leurs infâmes convoitises.

Le même Saint-Esprit nous dévoile encore plus en détail les délibérations et les desseins de la secte au ch. ii de la Sagesse : « Ils ont dit en effet dans l'égarement de leur pensée : Court et plein d'ennui est le temps de notre vie, et il n'y a point de guérison à la fin de l'homme, et on ne sait personne qui soit revenu des enfers ; parce que nous sommes nés de rien, et après la mort nous serons comme si nous n'avions jamais été ; le souffle de nos narines est une fumée, et la parole une étincelle qui agite notre cœur ; elle s'éteint, notre corps n'est plus que poussière, et notre esprit se dissipe comme un air léger, et notre vie passe comme la trace du nuage et s'évanouit comme la nuée qui fuit aux rayons du soleil et que sa chaleur abat. Et notre nom est oublié par le temps, et personne ne garde la mémoire de nos œuvres. Car le temps de notre vie est le passage d'une ombre ; après notre fin, point de retour ; le sceau est posé, nul ne revient. Venez donc, jouissons des biens qui sont, hâtons-nous d'user des créatures pendant que nous sommes jeunes. Enivrons-nous des vins exquis, couvrons-nous de parfums — (les festins des loges, les orgies des tyrans de la Commune, etc.) ; — ne laissons point passer la fleur du printemps. Couronnons-nous de roses avant qu'elles se flétrissent ; qu'il n'y ait point de pré où notre luxure ne se signale, que nul ne se dispense de prendre part à notre débauche. Laissons en tous lieux des marques de notre joie ; parce que c'est là notre part, notre sort. Foulons aux pieds le juste pauvre, n'épargnons pas la veuve ; ne respectons pas le vieillard au front blanchi par le temps. Que notre force soit la loi de justice ; car ce qui est faible est convaincu d'être inutile — (doctrine de nouveau condamnée par le *Syllabus* de Pie IX). — Dressons donc des piéges au juste (au Christ et à ses disciples), parce qu'il nous est inutile, qu'il est contraire à nos œuvres, parce qu'il nous reproche les fautes contre la loi, et qu'il tourne contre nous les œuvres de nos doctrines. (Détruisons l'Eglise du Christ qui continue la même prédication.) Il se vante d'avoir la science de Dieu, et il se nomme le Fils de Dieu. Il s'est fait (et son Eglise avec lui) le détracteur de nos pensées. Il nous est odieux même à voir ; car sa vie (et la vie de ses fidèles) est différente de la vie des autres, et ses voies ne sont pas les nôtres. Il nous estime menteurs, et il s'abstient de nos voies comme d'immondices, il appelle heureuse la fin des justes, et il se glorifie d'avoir Dieu pour père. Voyons si ses paroles sont véritables, éprouvons ce qui lui arrivera, et nous saurons quelle sera sa fin, car, s'il est vraiment le Fils de Dieu, Dieu le soutiendra et le délivrera des mains de ses ennemis. Interrogeons-le par l'outrage et par le supplice, afin que nous connaissions sa douceur et que nous éprouvions sa patience. Condamnons-le à la mort la plus infâme ; car Dieu le regardera selon ses paroles. Ils ont pensé ainsi, et ils ont erré ; et leur

malice les a aveuglés. Et ils n'ont pas su les secretde Dieu, et ils n'ont pas espéré le salaire de la justice, et ils n'ont pas jugé l'honneur des âmes sains
tes. Car Dieu a créé l'homme indestructible, et il
l'a fait à l'image de sa ressemblance. Mais, par l'envie de Satan, la mort est entrée dans l'univers. Et
ceux qui sont de son parti (de la secte antichrétienne) l'imitent » (Sap., II).

On ne saurait rien ajouter ; il n'y a qu'à faire
l'application à la secte antichretienne dans tous les
temps, mais surtout vis-à-vis de Jésus-Christ pendant sa prédication, sa passion et sa mort, et après
lui vis-à-vis de son Eglise dans tous les temps,
mais plus particulièrement dans le nôtre.

Revenons à l'histoire de la secte :

Parmi les apôtres du Sauveur, Judas Iscariote
fut séduit par la secte ; il fut traître et lui vendit
son maître : voilà pourquoi il est un des patrons
dont le nom est en honneur dans les hautes loges
de la franc-maçonnerie.

Dans le conseil que tint la secte, Caïphe proclama l'éternel prétexte de ses révoltes et de ses crimes. « Il est, dit-il, de votre intérêt qu'un seul
homme meure pour le peuple, et que toute la nation ne périsse pas » (Joan., XI, 50). Oui, toujours le
peuple est mis en avant par la secte ; et la secte
séduit le peuple, trompe le peuple, sacrifie et immole les forces, le sang et la vie du peuple ; puis
elle exploite le peuple, le surcharge d'impôts, le
pille, le grève et le dévore, et toujours pour le rendre libre et heureux, oui libre et heureux de souffrir et de mourir pour les chefs de la secte. C'est
toujours Satan travaillant à détruire l'espèce humaine en haine du Dieu créateur.

Que Satan, en effet, habite dans les hommes de

a secte et qu'il agisse en eux et par eux, c'est un fait certain attesté par l'Evangile, qui nous dit, en parlant du traître Judas : « Après le souper, le diable ayant mis dans le cœur de Judas Iscariote le dessein de trahir Jésus... et dès que Judas eut pris le morceau que lui présentait Jésus, SATAN ENTRA EN LUI. Et Jésus dit : Ce que vous faites, faites-le promptement » (Joan., XIII, 2 et 27.)

Notre-Seigneur révèle clairement la domination de Satan sur la secte et, par elle, sur le monde, dont il devient ainsi le prince. « C'est maintenant, dit-il, que le monde va être jugé (et puni) ; c'est maintenant que le prince de ce monde va être chassé dehors. Et quand j'aurai été élevé de la terre, j'attirerai tout à moi » (Joan., XII, 31, 32).

Les pharisiens empêchent ceux qui croient en Jésus-Christ de le manifester. « Plusieurs, néanmoins, et même des principaux crurent en lui : mais à cause des pharisiens, ils n'osaient le reconnaître publiquement, de crainte d'être chassés de la synagogue : car ils aimaient mieux la gloire des hommes que la gloire de Dieu » (Joan., XII, 42, 43). Il faut mettre l'Eglise hors la loi, hors de la vie publique, et la renfermer dans les sacristies. On veut des places et les faveurs du monde, c'est pourquoi il ne faut être chrétien qu'à demi et en secret. — On a deux consciences ; une pour le secret de la vie qu'on tâche de mener chrétienne, mais impossible, car l'autre conscience pour la vie publique s'y oppose, étant livrée à la secte sciemment ou à son insu. Celle-ci veut dans les prétendues constitutions, non pas une tolérance qui serait nécessaire, mais une *égale protection pour tous les cultes*, c'est-à-dire *l'égalité entre le diable et Dieu*; c'est le cri de révolte de Lucifer dans le ciel ; c'est le cri de séduction que Satan fit entendre à nos premiers parents ; c'est l'indifférentisme, l'athéisme national ; c'est le grand principe des loges maçonniques, par lequel elles ont rendu toutes les institutions et les lois des gouvernements modernes hostiles à Dieu et à son Eglise, et destructives de toute religion et de toute croyance. C'est pourquoi, notre malheureuse France, en 1873, n'a point voulu du roi très-chrétien, qui, lui, n'a qu'une conscience, la conscience formée et guidée par *la lumière qui illumine tout homme venant en ce monde*, et qui brille toujours dans les enseignements infaillibles du vicaire de Jésus-Christ sur la terre. — La secte a fait nuages, a menti ; elle a voulu de nouveau imposer son bonnet rouge sur la tête du roi ; elle a repoussé le libérateur et le protecteur du peuple, parce qu'elle veut continuer d'exploiter celui-ci, et d'en faire son troupeau pour le tondre jusqu'au sang.

C'est que, comme le déclare le Sauveur, Satan, le prince de ce monde, est son ennemi mortel. « Je ne vous parlerai plus longtemps, dit-il, car voilà le prince de ce monde qui vient *exercer sur moi toute la cruauté de son empire, et cependant*, il n'a rien en moi *qui lui appartienne* » (Joan., xiv, 30). Et c'est pourquoi le même Sauveur déclare que le Saint-Esprit accusera le monde du péché d'incrédulité en lui, de la justice de sa cause, et enfin « du jugement ou de la condamnation de ce monde incrédule, parce que le prince de ce monde *qui a refusé de le reconnaître pour son Dieu*, est déjà jugé *et condamné aux flammes éternelles, et que tous ceux qui lui appartiennent doivent avoir le même sort* » (Joan., xvi, 8-11).

Quel mystère profond, le plus profond de tous les mystères, qui nous fait voir Jésus-Christ, le Verbe éternel de Dieu, *engendré par le Père avant Lucifer*, Ps. cix, lui, le Créateur fait homme, s'humilier jusqu'à se laisser tenter par Lucifer devenu Satan, trahir et mettre à mort sur la croix par Satan qui dirigeait Judas, les pharisiens et tous ceux qui le livrèrent à Pilate. Satan, *qui n'a aucun pouvoir sur lui*, le livre par ses sectateurs à Pilate *qui a reçu pouvoir d'en haut*; c'est pourquoi, dit le Seigneur à Pilate, celui qui m'a livré à vous a commis un plus grand péché, parce que Satan et ses sectateurs travaillaient sciémment par leur trahison à détruire le règne de Dieu. Oui, le Créateur de Lucifer, et qui devait être son glorificateur; lui que Lucifer a refusé de reconnaître pour son Dieu, dont il s'est déclaré l'*égal*, indépendant et *libre* de sa loi, dont il a détruit le règne et l'autorité non-seulement sur les anges rebelles, mais sur les hommes; lui en qui Lucifer, le prince de ce monde et de la secte, n'a rien, se laisse immoler par Lucifer. Il y a là un rayon de divine lumière; en effet, l'orgueil de Satan est vaincu par les abaissements et les soumissions du Christ; une leçon infinie d'humilité divine abat l'orgueil de Lucifer. — Lequel est le Dieu bon, juste et véritable, celui qui meurt pour arracher les hommes, ses créatures, à la séduction et au malheur éternel, ou celui qui les trompe par ses mensonges et qui tue tous les prophètes, tous les saints et même le Saint des saints? C'est ici que la lumière divine éclate et nous montre en Jésus le Dieu sauveur et rédempteur que nous devons aimer. — Il fut prédit à Satan, après la chute de nos premiers parents, qu'il blesserait le Christ au talon, c'est-à-dire dans son humanité, et que ce serait par là que le Christ détruirait son empire. Jésus, allant à son agonie, annonce l'accomplisse-

ment de cette première prophétie, lorsqu'il dit :
« Maintenant le prince de ce monde est chassé dehors. »

A la splendeur de ces profonds mystères, qui ne
comprendrait la haine de la secte satanique contre
Jésus-Christ et son Eglise. Les pharisiens, qui
étaient de la secte, accusent Jésus-Christ de chas-
ser les démons par Beelzébub, prince des démons.
Or Jésus leur répond : Par qui alors vos enfants,
qui sont de la secte, les chassent-ils ? C'est pourquoi ils seront vos juges ; car je détruis l'empire de
Beelzébub, auquel vous appartenez. C'est à cette
occasion que Jésus-Christ déclare les membres de
la secte rebelles au Saint-Esprit, auquel ils opposent l'esprit de mensonge ; et aux œuvres miracu-
leuses, divines, du Saint-Esprit, ils opposent les
œuvres de Satan, la magie, le spiritisme, le som-
nambulisme, etc., etc. ; c'est pourquoi leur blasphème contre le Saint-Esprit ne leur sera remis ni
en ce monde, ni en l'autre... Les Ninivites, la reine
de Saba, s'élèveront contre eux au jour du jugement (Matth., XII ; Marc, III ; Luc, XI).

Après l'Ascension de Notre-Seigneur, les pharisiens et les sadducéens, qui possédaient le secret
de la secte, excitent les prêtres et les magistrats
du temple à se saisir des apôtres et à les empêcher
de prêcher l'Evangile (Act., IV, V). — Saul apparte-
nait lui-même à la secte, et il fallut les miracles
qui frappèrent sa personne pour le convertir et en
faire saint Paul. Jésus-Christ le choisit pour l'op-
poser directement à la secte antichrétienne. C'est
pourquoi il a toujours été et est encore détesté dans
toutes les branches de la secte, dans toutes les
loges de la franc-maçonnerie, etc., dont il a prophétisé et dévoilé les trames et les blasphèmes.

Simon le magicien, qui se donnait comme une divinité, feignit d'embrasser la foi chrétienne, à Samarie, sa patrie. Il voulut acheter le Saint-Esprit ; saint Pierre le condamne et l'exhorte à la pénitence (Act., VIII). Mais il était trop avancé dans le pacte de Satan, et il se transporta à Rome pour y établir le trône du diable vis-à-vis celui de Jésus-Christ. C'est là que saint Pierre eut à le combattre.

Les pharisiens et les sadducéens, de plus en plus livrés à Satan, envoyèrent leurs émissaires dans tout l'univers pour combattre la prédication des apôtres, et attirer à leur secte. C'est d'entre eux que sortirent les premiers hérétiques, les ébionites, les cerdonites, les gnostiques, qui tous, se faisant chrétiens par hypocrisie, s'efforcèrent de pervertir la doctrine chrétienne et de mettre à la place du vrai Dieu et de Jésus-Christ, son Fils fait homme, les généalogies démoniaques, ce dont saint Paul les condamne et avertit Timothée de s'abstenir (I Tim., I, 4 ; IV ; VI).

Il serait trop long de citer tout ce que saint Paul a écrit contre la secte, tout ce qu'il a prédit de ses complots et de ses actes pour les temps futurs, qui sont les nôtres. Nous rappellerons seulement quelques traits plus frappants. D'abord, Elymas résistait à Barnabé et à Saul, s'efforçant d'empêcher le proconsul Sergius Paul d'embrasser la foi. Alors Saul qui, du nom du proconsul qu'il convertit, fut appelé Paul, étant rempli du Saint-Esprit et regardant fixement cet homme, lui dit : « O homme plein de toutes sortes de tromperie et de malices, fils du diable, ennemi de toute justice, ne cesserez-vous jamais de pervertir les voies du Seigneur ? » Et il lui déclara qu'il allait devenir aveugle, ce qui eut lieu aussitôt (Act., XIII).

Dans sa Iʳᵉ épître à Timothée, il combat la secte et les apostats qu'elle séduit. De ce nombre sont Hyménée et Alexandre, qu'il a livrés à Satan. Puis, contrairement aux doctrines de la secte qui veut renverser les pouvoirs établis, il ordonne de prier pour les rois et pour tous ceux qui sont élevés en dignité (I. Tim., i et ii). Il prédit les erreurs et les impostures de la secte, telles qu'on les a vues ensuite chez les manichéens de tous les temps : « Or, l'Esprit dit ouvertement que, dans la suite des temps, plusieurs abandonneront la foi, en suivant des esprits d'erreur, et des doctrines de démons, et des imposteurs pleins d'hypocrisie, qui auront la conscience cautérisée ; qui interdiront le mariage et l'usage des viandes que Dieu a créées pour être mangées avec actions de grâces par les fidèles et par ceux qui connaissent la vérité » (Ibid., iv).

Au chapitre iii de sa seconde épître à Timothée, il prédit quels seront les vices et les hypocrisies de la secte ; et c'est bien exactement ce qu'elle est de nos jours. « Or, dit-il, sachez que dans les derniers jours il viendra des temps périlleux : il y aura des hommes qui n'aimeront qu'eux-mêmes, amateurs de l'argent, arrogants, superbes, blasphémateurs, désobéissants à leurs parents, ingrats, scélérats, sans affection, ennemis de la paix, calomniateurs, intempérants, inhumains, ennemis des bons, traîtres, insolents, enflés d'orgueil, et plus amateurs des voluptés que de Dieu : ils auront une apparence de piété — (la religiosité), — mais il en renieront la vérité et l'esprit. Fuyez-les, car de ce nombre sont ceux qui s'introduisent dans les maisons, et qui traînent après eux, captives, des femmes chargées de péchés et possédées de diverses passions ; qui apprennent toujours et n'arrivent jamais à la science de la vérité ; car, comme Jannès et Mambrès (célèbres magiciens d'Egypte) résistèrent à Moïse : de même ceux-ci résistent à la vérité, hommes corrompus dans l'esprit et pervertis dans la foi. Mais le progrès qu'ils feront aura ses bornes ; car leur folie sera connue de tout le monde, comme le fut alors celle de ces magiciens. » — Les spirites, les esprits frappeurs, les somnambules, les sociétés magnétiques et les loges dans lesquelles le diable apparaît et, sous le nom de révélations, renouvelle toutes les erreurs du paganisme et toutes les hérésies de tous les siècles, ce dont nous avons les preuves ; en un mot, toutes les sociétés secrètes, les francs-maçons, les socialistes, les communistes, les internationaux, etc., vérifient pleinement cette prophétie de saint Paul. L'apôtre ajoute au chapitre IV : « Je vous conjure devant Dieu et devant Jésus-Christ qui jugera les vivants et les morts dans son avénement et son règne : prêchez la parole de Dieu, insistez à temps, à contre-temps ; reprenez, suppliez, menacez en toute patience et doctrine, car il viendra un temps où les hommes ne souffriront plus la saine doctrine, mais, ayant une extrême démangeaison d'entendre ce qui les flatte, ils auront recours à une foule de maîtres propres à satisfaire leurs désirs ; et, fermant l'oreille à la vérité, ils l'ouvriront à des fables. »

Saint Paul en parle de nouveau dans son épître à Tite. Saint Pierre retrace l'histoire de la secte satanique au chapitre II de sa seconde épître, en ces termes : « Or, comme il y a eu de faux prophètes parmi le peuple juif, il y aura parmi vous des maîtres de mensonge, qui introduiront des sectes de perdition, et qui, renonçant au Seigneur, qui les a rachetés, attireront sur eux-mêmes une soudaine ruine. Leurs débauches et leurs impuretés seront suivies d'un grand nombre, par lesquels la voie de la vérité sera blasphémée ; et qui, vous séduisant par des paroles artificieuses, trafiqueront de vos âmes pour satisfaire leur avarice ; mais leur condamnation depuis longtemps s'avance, et leur perdition ne dort pas. Car, si Dieu n'a point pardonné aux anges qui ont péché, mais les a précipités dans l'abîme, sous des chaînes de ténèbres, pour être tourmentés et réservés au jugement. S'il n'a pas épargné l'ancien monde (perverti par la secte des caïnites), mais n'a sauvé que sept personnes avec Noé, prédicateur de la justice, en faisant fondre les eaux du déluge sur le monde des impies ; s'il a puni les villes de Sodome et de Gomorrhe (habitées par la secte des chananéens), en les réduisant en cendres, et en a fait un exemple pour ceux qui vivraient dans l'impiété ; et s'il a délivré le juste Lot, que ces abominables affligeaient par leurs injures et leur luxure... le Seigneur sait délivrer ceux qui le craignent de la tentation, et réserver les hommes d'iniquités pour être punis au jour de sa justice, et principalement ceux qui, pour satisfaire leurs désirs impurs, suivent la chair ; qui méprisent les puissances, sont audacieux, amoureux d'eux-mêmes, et qui blasphèment la vérité, ne craignant point d'introduire des sectes... ils mettent la félicité à passer chaque jour dans les délices ; ils s'y abandonnent de telle sorte qu'ils ne sont qu'ordure et infamie, et que ce ne sont qu'excès dans les festins... ; ils ont des yeux pleins d'adultère et d'un péché qui ne cesse jamais : ils attirent à eux, par des amorces trompeuses, les âmes légères et inconstantes : ils ont dans le cœur toutes les adresses que l'avarice peut suggérer. Ce sont des enfants de malédiction....., car, tenant des discours d'insolence et de folie, ils amorcent par les passions de la chair et les voluptés sensuelles ceux qui s'étaient un peu éloignés des hommes qui vivent dans l'erreur : leur promettant la LIBERTÉ, lorsque eux-mêmes sont esclaves de la corruption, parce que quiconque est vaincu est esclave de celui qui l'a vaincu... »

La secte antichrétienne était déjà si active et si puissante du temps des apôtres, que tous ceux d'entre eux qui ont écrit n'ont point manqué de la combattre. C'est ainsi que l'épître catholique de saint Jude, rappelant ce que saint Paul et saint Pierre en avaient déjà prédit, reprend son histoire et la fait remonter jusqu'à l'origine, jusqu'à Caïn et aux anges rebelles. Il exhorte les fidèles à combattre pour la foi, qui a été transmise aux saints. « Car, dit-il, il s'est glissé certains hommes, dont il avait été prédit, il y a longtemps, qu'ils tomberaient dans ce jugement, gens impies qui changent la grâce de notre Dieu en dissolution, et qui renoncent Jésus-Christ, notre unique Maître et Seigneur. Or, je veux vous faire souvenir de ce qu'autrefois vous aurez appris, qu'après que le Seigneur Jésus eut sauvé le peuple de la terre d'Egypte, il fit périr ensuite ceux qui furent incrédules ; mais les anges qui n'ont pas conservé leur première dignité, mais qui ont quitté leur demeure, il les retient sous les chaînes éternelles des ténèbres pour le jour du grand jugement ; et que de même Sodome et Gomorrhe, etc... ont été proposées en exemple... semblablement ceux-ci souillent la chair, méprisent la domination et maudissent ceux qui sont élevés en dignité... ils condamnent avec exécration tout ce qu'ils ignorent, et se corrompent en tout ce qu'ils connaissent naturellement, comme les bêtes irraisonnables. Malheur sur eux parce qu'ils suivent la voie de Caïn, et, suivant l'erreur de Balaam, ils sont emportés par l'amour du gain, ils périront dans la rébellion de Coré... c'est d'eux qu'Hénoch, le septième depuis Adam, a prophétisé en ces termes : Voici le Seigneur qui va venir avec ses milliers de saints, pour exercer son jugement sur tous les hommes, et convaincre tous les impies de leurs œuvres d'impiété , et de toutes les paroles dures et injurieuses que ces pécheurs impies ont proférées contre lui. Ce sont des murmurateurs qui se plaignent sans cesse, qui suivent leurs passions, dont les discours sont pleins de faste et de vanité, et qui se rendent admirateurs des personnes, selon qu'il est utile pour leur intérêt. »

Enfin saint Jean, dans sa grande prophétie, résumé de toutes les prophéties de l'Ancien et du Nouveau Testament, prédit toute l'histoire de la secte antichrétienne sous le nom de la bête et du dragon ; c'est l'histoire de la révolte contre Dieu, contre toute autorité déléguée de Dieu, contre tout ordre venant de Dieu. Cette révolte, qui a reçu de notre temps le nom vague de Révolution, a pour chef Satan, le grand dragon, et pour adeptes et agents toutes les sociétés secrètes de la franc-maçonnerie, du carbonarisme, etc., etc. Saint Jean la décrit encore sous la figure d'une femme vêtue de pourpre et d'écarlate, parée d'or, de pierres précieuses et de perles, ayant en main un vase d'or plein des abominations et de l'impureté de sa fornication, et sur son front était écrit ce nom : MYSTÈRE (*Sociétés secrètes*) : la grande Babylone, mère des fornications et des abominations de la terre. Et il vit cette femme (la secte, la révolution, la Commune) enivrée du sang des saints, et du sang des martyrs de Jésus » (Apoc., XVII, 4-6).

Il serait facile de citer un grand nombre d'autres passages des saintes Ecritures sur le même sujet ; mais ceux que nous avons cités suffisent à prouver combien le Saint-Esprit a pris soin de prémunir les hommes contre les séductions de la secte satanique. Ils démontrent aussi la perpétuelle existence et toutes les trames de cette secte, malgré les dénégations dont elle se couvre.

Comme le prouvent les textes sacrés, que nous venons de citer, la secte propagée de nouveau par les juifs incrédules et rebelles à Jésus-Christ et ennemis mortels de son Eglise naissante, ne tarda pas à se montrer puissante dans tout l'univers, mais particulièrement dans les centres où l'Eglise catholique exerçait sa prépondérance.

Les ébionites furent des juifs, qui corrompirent les enseignements de l'Ancien et du Nouveau Testament, ils ajoutèrent les principes de l'astrologie judiciaire, les pratiques de la magie, l'invocation des démons, l'art des enchantements, et l'observation des cérémonies judaïques. (*Dict. des hérésies*, t. II, p. 33.)

Les gnostiques furent disciples de Simon le magicien et de Basilides ; c'est principalement d'eux que saint Paul parle dans ses épîtres à Timothée et à Tite. Ils reconnaissaient deux principes : l'un bon et l'autre mauvais ; ils admettaient l'émanation de tous les êtres d'un premier être ; ils se livraient à la satisfaction de toutes leurs passions, et de là les infamies qu'ils pratiquaient.

Cerdon, disciple de Simon, enseigna à Marcion

le système des deux principes. Marcion allia cette erreur avec quelques dogmes chrétiens, et avec les idées de la philosophie pythagoricienne, platonicienne et stoïcienne. Il adopta les principes des gnostiques, ceux de la magie, et détestait surtout le Dieu créateur. Il porta et établit sa doctrine dans la Perse. Ce fut là que Manès la prit et fonda le manichéisme. Manès s'appelait originairement Cubricus, il naquit en Perse en 240. Une femme veuve de Ctésiphonte, fort riche, l'acheta âgé de sept ans; elle le fit instruire et lui laissa tous ses biens en mourant. C'est de ce fait que les francs-maçons s'appellent eux-mêmes fils de la veuve. Cubricus prit alors le nom de Manès; il trouva dans l'héritage de sa bienfaitrice les livres d'un nommé Scythien; ils contenaient la doctrine de Marcion et des gnostiques, et spécialement l'erreur des deux principes, dont Manès fit la base de tout son système. Il se donna comme le Paraclet promis par Jésus-Christ. Six siècles après Manès, nous voyons les manichéens se multiplier prodigieusement, et fonder un état qui fit trembler l'empire de Constantinople.

Les principaux disciples de Manès furent Hermas, Buddas et Thomas, qui allèrent en Egypte, en Syrie, dans l'Orient et dans l'Inde porter la doctrine de leur maître, et s'initier aux mystères des descendants de Cham, héritier et sectateur de Caïn, à la magie de Jannès et de Mambrès, de Dathan et d'Abiron, etc. Les disciples de Manès prétendaient qu'au fond toutes les religions, païenne, judaïque, chrétienne, etc., convenaient dans le principe et dans les dogmes, et qu'elles ne différaient que dans quelques cérémonies. C'est la doctrine de l'indifférentisme, grand dogme de la franc-maçonnerie.

Ils condamnaient le mariage, professaient une foule d'erreurs, se livraient à toutes leurs passions. Ils regardaient les végétaux et les animaux et le corps humain comme l'œuvre du mauvais principe, qui y enchaînait les âmes.

Poursuivis par les empereurs romains, comme secte venue de la Perse, les manichéens prenaient beaucoup de précautions pour n'admettre parmi eux que des hommes sûrs. Ainsi ils avaient un temps d'épreuves, et il y avait chez eux des catéchumènes, des auditeurs et des élus. Ce sont les divers degrés de la maçonnerie. Les manichéens s'allièrent aux sarrasins pour combattre l'empire et le christianisme. Vers le xe siècle, ils se répandirent dans l'Italie : ils eurent des établissements considérables en Lombardie, d'où ils envoyèrent des prédicateurs qui pervertirent beaucoup de monde. Ils pénétrèrent en Allemagne, en Angleterre.

Le manichéisme produisit dans le xiie siècle et dans le xiiie, cette multitude de sectes qui prétendaient réformer la religion, l'Eglise et les Etats; tels furent les albigeois, les pétrobusiens, les cathares, etc., puis les hussites et les wicléfites, qui furent les pères du protestantisme.

Il paraît aussi certain que le manichéisme séduisit une partie des Templiers. Il se propagea en Espagne; et il enfanta partout les sorciers et leur commerce avec les démons. Il est enfin passé dans la franc-maçonnerie et dans toutes les branches de la secte antichrétienne, sous quelque nom qu'elles se déguisent; l'Internationale en est aujourd'hui la forme la plus populaire.

Ce que l'on découvre au fond des loges maçonniques est une preuve irréfragable de cette origine et de cet enchaînement. « Que s'y présente-t-il aux regards? Isis et Osiris sont accolés au grand Architecte de l'univers : Zoroastre, Pythagore, Platon y donnent la main à Moïse et à Jésus-Christ; les hommes que l'on y propose à vénérer sont Caïn, Dathan, Abiron, Judas Iscariotes, Simon le magicien, Manès. Les symboles et les rites y parlent de génération et de régénération de l'humanité, d'un retour à l'état primitif de nature, c'est-à-dire à l'état contre nature. Si vous prenez en main la légende d'Adonhiram, vous trouvez une histoire de la création du monde et du but final de l'homme, tout à l'opposé de ce que contient la révélation chrétienne. » (Storia della setta antichr., t. II, p. 448.) La mort d'Adonhiram signifie que Satan , le dieu des francs-maçons, a été vaincu et enchaîné par le dieu des chrétiens; mais il doit briser ses chaînes, triompher un jour, qui n'est pas loin, et réhabiliter la nature humaine dans la libre jouissance de toutes ses passions, de tous les désirs des sens, et cela sans crainte de jugement et de punition; en un mot, la réhabilitation du diable et la satisfaction de toutes les passions, tel est le grand but poursuivi par la secte antichrétienne dont la franc-maçonnerie est une des principales branches.

Un autre fait également prouvé, c'est que la secte a commencé par les pharisiens; que les principaux adeptes, les maîtres de la secte à dater de Simon le magicien, Ebion, Cerdon, Marcion, etc., ont été des juifs; qu'à toutes les époques on trouve des juifs dirigeant la secte, et aujourd'hui les juifs en sont les maîtres absolus, et par elle ils dominent le monde, menacent d'anéantir les nations chrétiennes et l'Eglise.

La magie, le commerce avec les démons, le culte rendu à Satan, les infamies de toutes sortes pratiquées dans ce culte abominable, les sacrifices humains, les immolations d'enfants, nés du crime, pour employer leur sang aux horreurs de la magie, etc., etc., se rencontrent à toutes les époques dans les pratiques de la secte. Les païens en eurent connaissance dans les premiers siècles du christianisme: ils confondirent la secte antichrétienne, alors remplie presque exclusivement de juifs, avec les chrétiens. Ainsi s'expliquent les accusations infâmes dont les auteurs païens chargèrent les chrétiens, qui en étaient innocents. Ces infamies et ces crimes, tels que pétrir du pain avec le sang d'un enfant égorgé, la réunion nocturne d'hommes et de femmes pour des orgies sans nom, etc., étaient le fait de la secte. Ses tentatives d'émeutes et de désordre obligèrent les premiers empereurs romains, à dater du règne de Claude, à expulser les juifs de Rome. Et les chrétiens, que la secte poursuivait de ses haines, furent englobés dans ses proscriptions.

Enfin, un dernier fait de la plus haute importance à constater, les principaux chefs de la secte, depuis Simon le magicien, se sont tous efforcés d'établir leur séjour à Rome, vis-à-vis du Saint-Siége apostolique et du Vicaire de Jésus-Christ, pour combattre sa divine autorité et son influence sur l'univers catholique; et aujourd'hui les principaux chefs de la secte résident encore à Rome et ce sont des juifs. Tous les journaux, qui sapent la religion, qui blasphèment contre Dieu, qui nient la divinité de Jésus-Christ, qui demandent la destruction de l'Eglise, la mort du pape, des évêques, des prêtres, des religieux et des religieuses, de tous les fidèles chrétiens; qui demandent leur mise hors la loi, leur spoliation, leur privation de tous droits, de toute liberté, leur anéantissement, tous ces journaux et les brochures du même genre sont l'œuvre de la secte antichrétienne, et ils appartiennent pour la plupart à des juifs dans toute l'Europe, l'Asie et l'Afrique.

La secte poursuit son crime; elle veut détruire l'Église de Jésus-Christ. C'est toujours Lucifer élevant son trône et ses autels contre le trône et les autels du Christ, fils de Dieu, qu'il a refusé de reconnaître et d'adorer. Et aujourd'hui, par la secte, Satan est de nouveau le maître et le dominateur du monde entier, il tient les rênes de tous les gouvernements, il règne dans toutes les assemblées parlementaires. Dans les loges, on lit, on scrute, on médite l'Apocalypse, parce que Satan a fait croire à ses adorateurs qu'il y a un grand triomphe pour eux et pour lui annoncé et caché dans les mystères de cette grande prophétie; et ils s'attendent à voir incessamment ce grand triomphe éclater.

Enfin, pour répondre aux objections des ignorants, il faut savoir que la secte se sert d'une multitude d'hommes et de femmes qui ne lui sont point affiliés par les serments dont elle enchaîne la liberté de ses membres; tous ceux qui lisent ses journaux et ses livres, qui s'y abonnent ou les achètent, qui répètent et soutiennent les doctrines que ces écrits renferment, tous ceux qui mettent l'Église, le Saint-Siége et ses enseignements en suspicion, tous les prétendus catholiques libéraux, etc., sont au service de la secte; elle les dirige à leur insu; elle les choie et les flatte au besoin, les enchaîne par leur vanité et leur ambition. En second lieu, les affiliés se divisent en plusieurs degrés, tous liés par d'horribles serments.

1º Les affiliés niais et utiles, qui sont les plus

nombreux, ne connaissent point les vraies doctrines ni le but final de la secte. 2° Les affiliés plus avancés, mais infiniment moins nombreux, connaissent une partie des doctrines secrètes, sont initiés à la haine de l'Église et de Dieu, sans connaître le dernier mot. 3° Enfin, les grands initiés, qui sont en commerce direct avec Satan, sont tout au plus au nombre de cinquante à soixante dans le monde entier; et ce sont ceux-là qui dominent et mènent tout.

Mais Dieu sera toujours victorieux, et son Église repose sur le fondement inébranlable qu'il lui a posé; elle a les promesses éternelles. Et Dieu a déjà pourvu à son triomphe dans le saint Concile du Vatican, en y proclamant l'obligation pour tout chrétien de croire de foi divine et catholique à l'infaillibilité du magistère du Pontife romain. Les enseignements et les jugements infaillibles du Vicaire de Jésus-Christ seront le remède à toutes les erreurs, la citadelle inexpugnable à tous les coups de l'enfer, à toutes les attaques de la secte antichrétienne. Voilà pourquoi elle a déchaîné toutes ses colères et tous ses agents contre le Concile, le Pape, le Saint-Siége, les évêques et toute l'Église. Mais malheur à ceux qui lui sacrifient leur liberté et leur âme par les serments horribles qu'elle exige; malheur à ceux qui la servent de près ou de loin, ils seront avec la secte punis comme les caïnites, comme les habitants de Sodome, comme Coré, Dathan et Abiron; ils périront avec la bête pour le temps et l'éternité.

L'encyclique de Pie IX, du 21 novembre 1873, confirme les enseignements du présent écrit, et invite les pasteurs à prémunir les chrétiens contre les séductions de la secte. Nous sommes heureux d'obéir, pour notre part, au précepte du Saint-Esprit parlant par son organe infaillible, au jugement duquel nous soumettons cet opuscule.

FIN.

BIBLIOTHÈQUE DE TOUT LE MONDE.

Appel. — Qui ne voudra contribuer à répandre dans les familles, soit directement, soit par l'intermédiaire des écoles, des patronages, des cercles catholiques d'ouvriers, etc., ces véritables *petits messagers du bien*, du prix si minime de 5, 10 et 15 centimes ?

Venir ainsi prêter force et appui à une œuvre d'un intérêt à la fois si éminemment religieux, si éminemment moral et social ?

RÉDUCTION SPÉCIALE. — Pour donner plus de rapidité à notre propagande, toute demande *d'un même numéro*, soit *d'un même petit livre*, donnera droit à la réduction, savoir : par 100 exemplaires, de 20 0/0 — par 200 exemplaires, de 30 0/0 et *franco*.

PAYEMENTS. — Pour la simplification de nos écritures, les demandes de 20 francs et au-dessous devront toujours être accompagnées du montant de leur valeur, soit en timbres-poste, soit et de préférence en un mandat sur la poste.

EXPÉDITIONS FRANCO. — Tous nos envois sont expédiés *franco* par la poste, ou jusqu'à la gare ou le bureau de messagerie le plus rapproché. Prière de nous indiquer, dans la demande, cette gare ou ce bureau de messagerie.

EXTRAIT DE NOTRE CATALOGUE.

Le catalogue général sera envoyé à qui nous le demandera.

à 5 centimes.

1 La Journée d'un brave homme.
2 Je ne vois pas grand mal à ça.
3 Ce qu'il faut savoir et croire.
4 Ce qu'il faut faire.

à 10 centimes.

5 La vie de famille.
6 Bon père.
7 Bonne mère.
8 Bon fils.
9 Moyen d'être un homme comme il faut.
10 Ce qu'il faut pour faire une bonne famille.
11 Conseils à l'envers.

12 Le Hic et les Défauts des autres.
13 Manière de s'attraper soi-même.
14 Pensées et Dires de Jacques Bonhomme.
15 Faux Grands hommes.
16 Petites et Grandes Misères de beaucoup de gens.
17 Aux Laboureurs.
18 Mille Misères humaines.
19 Ce qu'on rapporte du cabaret.
20 Objections et Préjugés qui courent les rues.
21 Qu'est-ce qu'un Curé ?
22 La Science et la Religion.
23 Au moins à Pâques humblement.

24 Vieilles Raisons à l'usage de ceux qui n'ont pas raison.
25 J'en sais trop.
26 A tout le moins une fois l'an.
27 Mille choses qui ne se trouvent pas dans les livres.
28 Je n'ai pas le temps.
29 Chacun sa bibliothèque.
30 Simple Exposé de la Religion.
31 Le blasphème.
32 Vendredi chair.
33 L'Eglise de la paroisse.
34 La Divinité de la Religion prouvée par les mauvais journaux.
35 Tout ce qui s'imprime n'est pas mot d'Evangile.
36 La Question romaine mise à la portée de tout le monde.
37 Aujourd'hui on raisonne — *Le Concile général*.
38 Le Bien qui se fait en France.
39 LE DIMANCHE AU PEUPLE.
40 Litanies de **Pie IX.**

à **15** centimes.

41 Comment on trompe le pauvre monde.
42 La misère mise à la portée de tout le monde.
43 La Charité pour les trépassés.
44 Précis complet de la doctrine chrétienne.
45 Explications familières des cérémonies de la Messe.
46 Vie du R. P. de Ravignan.
47 Le Chemin de la Croix.

à **20** centimes.

48 La Charité mise à la portée de tout le monde.
49 La Divinité de N.-S. J.-C.
50 Histoire des fondateurs du protestantisme, Luther, etc.
51 La Croix et l'Epée à Rome.
52 Le Denier de St-Pierre.
53 **Le rôle de la Presse.**

ouvrage à 60 centimes :

DICTIONNAIRE DES PLANTES MÉDICINALES INDIGÈNES, par le docteur THIERRY DE MAUGRAS, médecin principal dans l'armée. — Avec le nom vulgaire de la plante, puis son nom scientifique, etc., avec leur mode de préparation, et suivi de quelques conseils et règles pour porter les premiers secours. Ouvrage indispensable à toute personne qui veut du bien aux pauvres et aux malades. 160 pages.

Adresser les demandes et les envois à M. AUGUSTIN BOISLEUX, FONDATEUR de la BIBLIOTHÈQUE DE TOUT LE MONDE, à TOURCOING (Nord).

Les souscripteurs de Belgique pourront nous adresser leurs lettres à MOUSCRON, où notre œuvre a également domicile.

Imp. Eugène Heutte et Cie, à Saint-Germain.